AF388586

Analyse de l'œuvre

Par Gabrielle Yriarte
et Johanne Morrhaye

Du contrat social

de Jean-Jacques Rousseau

lePetitLittéraire.fr

Rendez-vous sur lepetitlitteraire.fr et découvrez :

Plus de 1200 analyses
Claires et synthétiques
Téléchargeables en 30 secondes
À imprimer chez soi

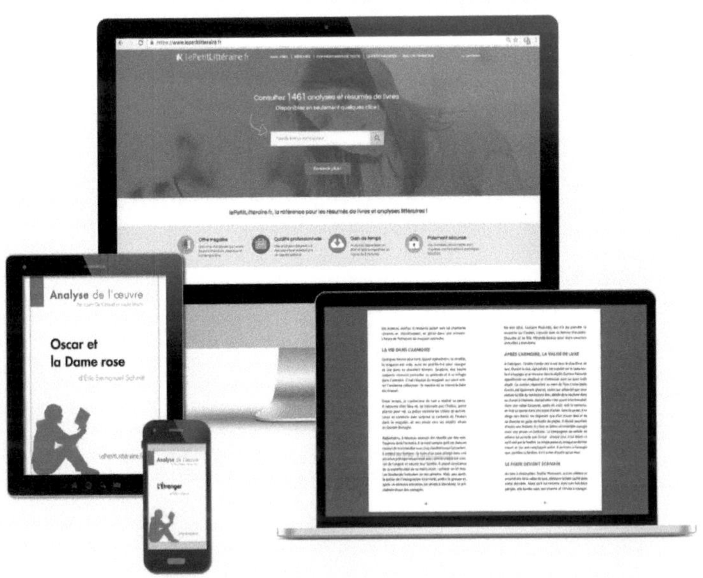

JEAN-JACQUES ROUSSEAU

ÉCRIVAIN, PHILOSOPHE ET MUSICIEN GENEVOIS

- **Né en 1712 à Genève (Suisse)**
- **Décédé en 1778 à Ermenonville (Hauts-de-France)**
- **Quelques-unes de ses œuvres :**
  - *Émile ou De l'éducation* (1762), traité d'éducation
  - *Les Confessions* (1765-1770), autobiographie
  - *Les Rêveries du promeneur solitaire* (1776-1778), réflexion philosophique

Jean-Jacques Rousseau est l'un des plus illustres penseurs du siècle des Lumières (XVIIIe siècle) et l'un des pères spirituels de la Révolution française (1789-1799). Il connait une jeunesse mouvementée durant laquelle il exerce différentes professions, telles que précepteur ou copiste.

À Paris, Rousseau se lie aux philosophes des

Lumières et acquiert la gloire en 1750 avec son *Discours sur les sciences et les arts*, où il développe ce qui deviendra le thème central de sa réflexion : l'homme nait naturellement bon et heureux, c'est la société qui le corrompt et le rend malheureux. Suivent des œuvres majeures telles que *Du contrat social* (1762) ou *Émile ou De l'éducation*. Considérées comme subversives, celles-ci sont rapidement condamnées et interdites. Rousseau est alors contraint à une série d'exils qui l'éloignent de la France jusqu'en 1769.

En proie à un sentiment de persécution, il consacre la dernière partie de sa vie à des œuvres autobiographiques : *Les Confessions* et *Les Rêveries du promeneur solitaire*. Il meurt dans l'isolement, en 1778.

DU CONTRAT SOCIAL

LA SOCIÉTÉ ET LA POLITIQUE SELON UN PHILOSOPHE DES LUMIÈRES

- **Genre :** essai
- **Édition de référence :** *Du contrat social*, Paris, Flammarion, coll. « GF Philosophie », 2001, 255 p.
- **1ʳᵉ édition :** 1762
- **Thématiques :** collectivisme, société, égalité, liberté, citoyenneté, État

Publié en 1762, *Du contrat social* constitue l'aboutissement de la pensée politique de Rousseau. Reprenant des thèses exprimées précédemment (la nature humaine est corrompue ; la civilisation est la cause de l'inégalité), l'auteur examine les conditions de liberté au sein de la société civile. Pour regagner sa liberté perdue, l'individu doit renoncer à son intérêt particulier au profit de l'intérêt général, en concluant un contrat social avec ses semblables. Lorsqu'il agit politiquement, le citoyen doit être guidé par des principes universels.

Inégalement reçu et censuré en 1762, l'ouvrage fut encensé par les révolutionnaires, qui y virent la théorisation de la souveraineté du peuple. Il fut la référence de nombreux penseurs du droit et inspira la pensée marxiste.

RÉSUMÉ

LIVRE I

Chapitres I – IV

Dès le départ, Rousseau part du constat d'échec des sociétés modernes, où l'homme est aliéné malgré qu'il soit né libre (« L'homme est né libre, et partout il est dans les fers », p. 42). Rousseau définit le terme « aliéner » comme l'action de donner ou de vendre quelque chose à soi contre quelque chose d'autre. Il peut s'agir de biens matériels comme d'éléments personnels tels que la liberté, la protection, l'honneur. L'aliénation de la liberté est perçue comme légitime dans deux cas uniquement : au sein de la famille et dans le cadre du contrat social.

Rousseau ne donne pas d'explication quant à cette aliénation, mais cherche à résoudre la question de la légitimité de l'ordre social. Selon lui, un changement de cet état est possible afin de regagner la liberté politique et civile. L'ordre social est un droit qui « ne vient point de la nature, il est donc fondé sur des conventions » (*ibid.*). L'ordre social est légitime s'il repose sur une première convention. La famille, le droit du plus fort et l'esclavage constituent trois fausses conventions qui ne sauraient servir de modèle à une société légitime.

Chapitres v – ix

La première convention doit être unanime. L'individu aliène sa force individuelle au profit de la communauté. Cet acte, qui donne naissance au corps moral et collectif que Rousseau appelle « souverain », repose sur un engagement de chacun envers tous et de tous envers chacun.

Le souverain, une fois constitué, ne s'engage plus qu'avec lui-même puisqu'il est constitué de tous les individus qui reconnaissent son autorité. Si certains membres de la société cherchent à lui nuire, il faudra exercer sur eux la contrainte, les forcer à être libres. L'État civil (c'est-à-dire la société née du contrat social qui rend le peuple souverain) engendre la moralité, le droit et la liberté civile, qui est supérieure à la liberté naturelle.

LIVRE II

Chapitres I – III

La volonté générale (c'est-à-dire l'accord des intérêts particuliers) s'exprime lorsque tous les citoyens prennent part à la délibération et peut seule diriger l'État selon le bien commun. Sa qualité générale cesse d'être lorsque l'intérêt privé prend le pas sur l'intérêt commun. De plus, il faut noter que la souveraineté est indivisible et inaliénable.

Chapitres IV – V

Le pacte social donne au corps politique le pouvoir d'exiger de ses membres tous les services possibles, mais non de les « charger [de] chaîne[s] inutile[s] » (p. 66), ni de se prononcer sur quelque chose de particulier. Le souverain peut cependant vouloir la mort d'un membre qui agit en ennemi, il ne peut la donner lui-même, mais bien attribuer ce droit à autrui.

Chapitres VI – XI

La loi donne vie au corps social. Le législateur

ne doit avoir aucun lien avec le souverain (corps des citoyens actifs) ni même avec l'État (corps de citoyens passifs). La Constitution ne devient loi que lorsque le peuple la ratifie.

Le bien commun consiste en la liberté et l'égalité dosées en fonction du peuple concerné. La première donne à l'État sa force, car « toute dépendance particulière est autant de force ôtée au corps de l'État » (p.86). La seconde garantit la liberté : « La liberté ne peut subsister sans elle. » (*ibid.*)

Chapitre XII

Les lois fondamentales règlent le rapport entre le corps politique et lui-même. Les lois civiles concernent le rapport entre les individus et la cité. Les lois criminelles traitent de la désobéissance envers les autres lois. Les mœurs, les coutumes et l'opinion sont des lois informelles.

LIVRE III

Chapitres I – II

Le corps politique se compose de deux puissances : législative et exécutive. Il a besoin d'une puissance exécutive qui consiste en actes particuliers et qui est confiée à un corps de magistrats. En chaque magistrat cohabitent la volonté individuelle (celle de ce magistrat en tant que particulier), la volonté commune des magistrats (une volonté de corps, à mi-chemin entre volonté individuelle et volonté collective) et la volonté du peuple (la volonté générale).

Toutefois, Rousseau prévient d'un danger. En effet, le corps politique développe sa volonté et son activité, qui peuvent diverger de la volonté du souverain. Dès lors, si l'écart entre ces deux volontés est trop grand, il est possible que le contrat social soit réduit à néant, car le corps politique et le peuple seraient alors deux instances distantes.

Chapitre III

La démocratie est le gouvernement du grand nombre, l'aristocratie celui du petit nombre, la monarchie celui d'un seul. Ces gouvernements peuvent se nuancer et se combiner entre eux. Leur valeur réside dans leur adaptation à un peuple donné.

Chapitres IV – IX

Dans la démocratie, le pouvoir exécutif est joint au législatif : le peuple doit en permanence (ce qui n'est pas facile à réaliser) diviser son temps entre des activités de production, de législation et de gouvernement. L'aristocratie peut être d'âge, élective ou héréditaire. La monarchie convient à un État de grande taille.

La Constitution doit prendre en compte le fait que la capacité économique des États varie et que les gouvernements ne consomment pas tous la même quantité de biens.

Chapitres X – XI

Tout gouvernement dégénère naturellement. La concentration du pouvoir lui redonne de la vigueur. Ainsi, ce ne sont pas les lois qui permettent à l'État de subsister, mais bien le pouvoir législatif. En effet, les lois doivent être adaptées dans le temps pour que l'État perdure sur le bon chemin. Il dépend des hommes de donner aux États des constitutions qui leur permettront de subsister longtemps.

Chapitres XII – XV

Le souverain agit lorsque le peuple est assemblé. Un État a besoin de réunir périodiquement des assemblées du peuple. Mais, lorsque les citoyens se font représenter par des députés pour légiférer au lieu de se déplacer en personne, l'État est perdu, car la puissance législative ne peut être représentée.

Chapitres XVI – XVII

Le contrat social ayant été conclu dans le but de donner au peuple la souveraineté, le pouvoir exécutif tient son autorité du peuple et ce dernier ne la cède jamais.

L'acte qui institue le gouvernement d'un État est double : il s'agit d'abord d'une loi établie par le souverain (« Le souverain statue qu'il y aura un corps de gouvernement établi sous telle ou telle forme », p. 138), ensuite de la mise à exécution de cette loi par le peuple lui-même. Ce premier acte exécutif a lieu avant l'existence du prince. En d'autres termes, la nomination du gouvernement, acte exécutif, revient au peuple.

Chapitre XVIII

La puissance souveraine appartient au peuple, mais elle a tendance à être usurpée par le gouvernement. Afin de prévenir les usurpations du gouvernement, la mise en place des assemblées périodiques est d'une grande utilité ; elles ont pour objet le maintien du pacte social.

LIVRE IV

Chapitres I – II

Tant que plusieurs hommes réunis se considèrent comme un corps, ils sont porteurs de la volonté générale. Au législateur de faire en sorte qu'elle soit interrogée. Quand on propose une loi à l'assemblée, ce qu'on demande n'est pas si les citoyens l'approuvent, mais si elle est conforme à la volonté générale.

Chapitre III

Les magistrats et le prince peuvent être élus par choix ou par tirage au sort. Le tirage au sort est une bonne solution en démocratie, mais il faut recourir au choix pour les postes qui demandent du talent comme les emplois dans le domaine militaire.

Chapitre IV

Il existait à Rome trois assemblées : les comices tributes, les comices curiates et les comices centuriates. Dans ces dernières, les plus importantes, le vote était censitaire (le cens est un impôt à payer pour avoir accès au vote et à l'éligibilité). Cependant, plusieurs éléments équilibraient cette inégalité constitutionnelle. De plus, tout citoyen romain étant inscrit dans l'un des comices ; tout le peuple romain était souverain. Notons que ce chapitre historique est entièrement consacré à l'étude des institutions politiques durant la période romaine.

Chapitres V – VII

Le tribunat est une magistrature qui relie le législatif et l'exécutif. La dictature concentre le gouvernement en cas de crise pour le rendre plus efficace et le préserver, mais ne peut légiférer. La censure est la déclaration de l'opinion publique (mœurs et valeurs d'une nation).

Chapitres VIII – IX

Les gouvernements les plus anciens conféraient l'autorité suprême aux dieux. Dans les États catholiques, la religion suit une autre loi que l'État, ce qui crée une double législation, nuisible à la cité.

Il existe d'autre part des religions indifférentes à l'État, comme le christianisme originel : « Cette religion [...] laisse aux lois la seule force qu'elles tirent d'elles-mêmes sans leur en ajouter aucune autre. » (p. 176) Mais cette dernière attitude nuit autant à l'État, car le chrétien est soumis aux lois sans pour autant les défendre.

Pour donner la plus grande force possible aux lois civiles, il faut instituer une religion civile, dont les dogmes soient simples (existence de la divinité, bonheur des justes, châtiment des méchants, etc.) et imposent « la sainteté du contrat social et des lois » (p. 174).

ÉCLAIRAGES

LES LUMIÈRES

On donne ce nom à un mouvement culturel, philosophique, littéraire, intellectuel, né au XVIIIᵉ siècle en Europe et qui s'est déployé en France dans la seconde moitié du siècle. Influencés par Descartes (philosophe, mathématicien et physicien français, 1596-1650), ainsi que par les Grandes Découvertes (XVᵉ et XVIᵉ siècle), des intellectuels comme Diderot (écrivain et philosophe français, 1713-1784), Montesquieu (écrivain et philosophe français, 1689-1755), Rousseau et Voltaire (écrivain et philosophe français, 1694-1778) ont entrepris de lutter contre les excès de l'absolutisme monarchique, du fanatisme religieux et autres obscurantismes, en mettant en avant le rationalisme et l'esprit critique. Il s'agissait de tenter de comprendre le monde à la lumière de la raison.

Ces philosophes ont développé une conception de l'Homme et de la société fondée sur la possibilité du progrès social – ils font preuve d'une nouvelle confiance en l'Homme, qu'il s'agit dès lors d'éduquer – et sur la recherche du bonheur. Si l'*Encyclopédie* (1751-1772) de Diderot a fait naitre une prise de conscience du mouvement par lui-même, les différences de points de vue étaient nombreuses parmi les philosophes. Citons, par exemple, l'opposition entre le sensualisme provocateur d'un Voltaire et la sensibilité égalitariste d'un Rousseau. Les Lumières furent le terreau de la Révolution française, qui dépassa leurs projets dans l'élan de sa violence.

LA RÉFLEXION POLITIQUE DES LUMIÈRES

La philosophie des Lumières se caractérise par un questionnement sociopolitique intense : on s'interroge sur les fondements du droit, du pouvoir, sur la liberté, etc. Dans un premier temps, en matière de politique, les philosophes vont dans le même sens : critique de l'absolutisme, contestation du droit divin et réflexion sur la façon d'articuler dans une constitution les pouvoirs exécutif et législatif, les concepts de liberté et d'égalité.

Ainsi, *De l'esprit des lois* (1748) de Montesquieu est le premier ouvrage qui théorise la séparation des pouvoirs, sans pour autant défendre un système de gouvernement particulier. Quant à l'*Encyclopédie* (article « Autorité politique »), elle énonce le principe de la liberté inaliénable de l'individu et la nécessité de mettre le droit au cœur de toute autorité politique. En outre, s'il ne s'agit pas d'essais politiques, les *Lettres persanes* (1721) de Montesquieu ou *Candide* (1759) de Voltaire ont aussi apporté une large contribution à cette réflexion en présentant avec ironie une vision distancée des institutions, idées et mœurs européennes.

LA RÉFLEXION POLITIQUE DE ROUSSEAU

Rousseau, dans son *Discours sur les sciences et les arts* et son *Discours sur l'origine et les fondements de l'inégalité parmi les hommes* (1755), se distingue de la pensée politique des autres philosophes. Il démontre que le développement du progrès technique a engendré la concurrence entre les hommes, l'inégalité des conditions sociales et la guerre de tous contre tous. L'auteur exprime sa nostalgie à l'égard d'un état de nature précédant la vie sociale. Cet état est une hypothèse de travail qui représente la possibilité à jamais révolue d'un bonheur simple. Les deux *Discours* sont marqués par une dénonciation du luxe et une dévalorisation du progrès technique, qui leur a valu bien des critiques de la part des autres philosophes.

Plus tard, *Émile ou De l'éducation* expose les vues pédagogiques de Rousseau. Comme dans les *Discours* et *Du contrat social*, c'est l'ordre de la nature qu'il s'agit de réinstaurer. Celle-ci sert de règle à l'éducation de l'enfant, afin qu'il puisse devenir un citoyen libre comme ceux qui devront légiférer dans la république conçue par le philosophe.

Julie ou la Nouvelle Héloïse (1761) oppose au libertinage la noblesse de sentiments de deux personnages qui s'aiment. La raison et la maitrise des passions permettent de créer une petite société harmonieuse.

CLÉS DE LECTURE

LE PROJET DE ROUSSEAU

Dans l'avertissement, l'auteur évoque « un ouvrage plus étendu [...] abandonné depuis longtemps » (p. 36), dont « ce petit traité » est extrait : de fait, on sait qu'il projetait une étude complète sur les institutions politiques. Au vu de l'ampleur de la tâche, il préfèrera finalement aborder ce thème de manière indirecte dans l'ensemble de son œuvre. *Du contrat social* fait donc figure d'exception, puisque le texte examine frontalement la question des principes de la société et du droit civil.

Ainsi, l'objectif de Jean Jacques Rousseau est d'échafauder les fondements d'un État où le système politique peut être considéré comme un modèle idéal. Alors que, depuis le XVIe siècle, le système politique de la république de Venise est perçu comme un véritable exemple, Rousseau, quant à lui, dénonce le modèle vénitien, qu'il estime non pas comme une république à part entière, mais comme une oligarchie (système politique où le pouvoir est détenu par un petit groupe de personnes formant la classe dominante, soit des intellectuels – élite aristocratique –, soit la minorité possédante – élite ploutocrate).

Les républiques de Venise et de Gênes

Le système politique vénitien était une république oligarchique. Les grandes familles vénitiennes étaient représentées au Grand Conseil, qui avait comme prérogative l'élection du doge, chef de l'État durant toute sa vie.

L'organisation institutionnelle vénitienne est quant à elle complexe. Elle a pour but de concentrer les pouvoirs entre les mains d'un nombre d'individus restreint, c'est-à-dire 42 personnes provenant des grandes familles vénitiennes. De plus, ce système institutionnel vise à ce qu'aucune évolution vers une monarchie ne soit possible.

À partir de 1528, Gênes (Italie) devient également une république oligarchique. La noblesse y est héréditaire, mais non fermée ; il est possible d'y accéder. Elle est représentée au sein de deux conseils (majeur et mineur), dont on modifie la composition tous les ans au moyen d'un tirage au sort. La Seigneurie, c'est-à-dire le gouvernement, est constituée par le doge, les gouverneurs (qui composent le Sénat) et les procurateurs (qui composent la Chambre des comptes).

Le doge ne peut agir sans le Sénat, il n'est que le premier parmi ses pairs ; il est élu par une procédure complexe (plusieurs votes et tirages au sort) afin de regrouper les candidats possibles, parmi lesquels le Conseil majeur doit effectuer le choix final. Cinq magistrats sont chargés de contrôler les actes de la Seigneurie et de vérifier leur conformité avec les lois fondamentales de l'État. Ce système est antityrannique, ce qui explique la limitation des pouvoirs du doge et les contrôles entre magistratures.

Dans *Du contrat social*, il livre alors sa propre définition de la République (« J'appelle donc République tout État régi par des lois, sous quelque forme d'administration que ce puisse être : car alors seulement l'intérêt public gouverne, et la chose publique est quelque chose.

Tout gouvernement légitime est républicain »,
p. 73). S'opposant au régime politique vénitien,
Rousseau plaide plutôt en faveur du modèle
genevois. En effet, *Du contrat social* se base sur
ce système politique avec pour ambition son
amélioration.

Cet essai de Rousseau a donc pour but de trai-
ter du meilleur système politique à instaurer.
Toutefois, des interprétations différentes ont été
données à son projet. Certains l'ont ainsi désigné
comme un traité utopique ou comme une pro-
testation sociale, et non comme une réflexion
politique.

De fait, les *Discours* ont déjà valu à Rousseau
de nombreuses contestations. Le philosophe
connait ses adversaires, présents et passés, et entreprend de leur répondre avec *Du contrat social*.
Certains d'entre eux, comme Grotius (diplomate
et humaniste hollandais, 1583-1645) et Hobbes
(philosophe anglais, 1588-1679) sont cités par le
philosophe à plusieurs reprises : « Grotius nie que
tout pouvoir humain soit établi en faveur de ceux
qui sont gouvernés » ; « C'est aussi le sentiment
de Hobbes. » (p. 43) L'intention justificative est
sensible.

Outre ces réfutations des points de vue qui s'opposent au sien, l'auteur dialogue également avec la pensée passée et contemporaine. Avec celle d'Aristote (philosophe grec, 384 av. J.-C.-322 av. J.-C.) et de Platon (philosophe grec, vers 427-vers 348 av. J.-C.), mais aussi celle de Montesquieu, notamment, dont les idées sont souvent citées et commentées : « L'auteur de *L'Esprit des lois* a montré dans des foules d'exemples par quel art le législateur dirige. » (p. 90) À d'autres moments, Rousseau anticipe encore les réactions de lecteurs anonymes (« Le peuple assemblé, dira-t-on ! Quelle chimère ! », p. 129) et avance des arguments prévisionnels. On comprend alors combien il s'agit d'un projet important pour Rousseau.

L'écrivain l'entreprend d'ailleurs à titre personnel, comme le montrent l'usage de la première personne du singulier et le commentaire de sa propre démarche : « Mais je sens que mon cœur murmure et retient ma plume » (p. 73) ; « Mais tout cela forme un nouvel objet trop vaste pour ma courte vue ; j'aurais dû la fixer toujours plus près de moi. » (p. 181)

Parfois, il interpelle ses lecteurs sur un ton enthousiaste, presque polémique, comme dans ce passage : « Pour vous, peuples modernes, vous n'avez point d'esclaves, mais vous l'êtes ; vous payez leur liberté de la vôtre. Vous avez beau vanter cette préférence ; j'y trouve plus de lâcheté que d'humanité. » (p. 136) En s'adressant de manière directe aux lecteurs, Rousseau suscite leur intérêt et leur questionnement. Volontairement, l'écrivain pousse son lectorat à la réflexion.

UNE CONSTRUCTION LOGIQUE

La rigueur un peu ardue de l'argumentation logique de Jean-Jacques Rousseau est un élément marquant dans son ouvrage *Du contrat social*. Son argumentation peut être définie comme cartésienne ; elle suit un raisonnement, une structure et une méthodologie logique et claire.

En véritable philosophe, l'auteur élabore un raisonnement rationnel fait de déductions et de démonstrations pour déterminer les principes du droit civil. Il part du général pour aller vers le particulier :

• le livre I définit la nature conventionnelle du contrat ;

- le livre II en déduit la nature des lois ;
- le livre III traite du statut du pouvoir exécutif par rapport au législatif ;
- le livre IV examine les conditions du bon fonctionnement des institutions.

Au sein de chacun des livres, l'ordre des chapitres obéit à la même rigueur. Ainsi, le premier commence par une exposition du sujet ; les chapitres II à IV écartent les hypothèses erronées ; les chapitres V à IX expliquent la nécessité du contrat et en déduisent les caractéristiques fondamentales de l'état civil. L'auteur termine par une conclusion afin de résumer son propos.

L'armature logique du texte est renforcée par l'emploi de formules soulignant la démarche philosophique. Celle-ci est faite de questions/réponses (« Quel peuple est donc propre à la législation ? Celui qui, se trouvant déjà lié par quelque union d'origine, n'a point encore porté le vrai joug des lois », p. 87), d'analogies (« Comme la nature donne à chaque homme un pouvoir absolu sur tous ses membres, le pacte social donne au souverain un pouvoir absolu sur tous les siens », p. 68), de transitions (« J'avertis le lecteur que ce chapitre doit être lu posément, et que je ne sais pas l'art d'être clair pour qui ne veut pas être attentif », p. 97) et de définitions (« Avant de parler des diverses formes de gouvernement, tâchons de fixer le sens précis de ce mot », p. 95).

Le vocabulaire est souvent abstrait, et le propos universel (« Il est nécessaire que toutes les voix soient comptées ; toute exclusion formelle rompt la généralité », p. 64) et souvent idéal ainsi qu'impératif, comme le montre l'emploi fréquent du verbe « devoir » (« Celui qui rédige les lois n'a donc ou ne doit avoir aucun pouvoir législatif », p. 78).

L'auteur s'intéresse en effet à ce qui doit être (le droit) et ce qui est (le fait). Il établit les règles, les préceptes, qui sont de l'ordre du devoir. Ainsi, dans cette citation, on note cette préférence pour ce qui doit être fait, en dépit de ce qui est fait : « Si l'abus est inévitable, s'ensuit-il qu'il ne faille pas au moins le régler ? C'est précisément parce que la force des choses tend toujours à dé-truire l'égalité que la force de la législation doit toujours tendre à la maintenir. » (p. 89)

Jean Jacques Rousseau use de la persuasion afin d'obtenir l'adhésion du lecteur à son propos.

L'usage de l'argumentation et de la construction logique sont deux méthodes qui permettent à l'auteur de convaincre le lecteur de la réalité de ses dires et de le rallier à sa théorie du contrat social. Pour atteindre son but, il recourt aux techniques linguistiques comme l'utilisation du « nous » (« Mais ne nous expliquera-t-on jamais ce mot », p. 45), qui permet à l'auteur de créer un lien entre lui et ses lecteurs, constituant ainsi un groupe. De plus, l'emploi du pronom personnel « nous » permet de résoudre l'opposition lexicale entre les termes « chacun » et « tout » usités par Rousseau.

LES THÈMES CENTRAUX

La société et le droit

« Je veux chercher si dans l'ordre civil il peut y avoir quelque règle d'administration légitime et sûre. [...] Je tâcherai d'allier toujours dans cette recherche ce que le droit permet avec ce que l'intérêt prescrit, afin que la justice et l'utilité ne se trouvent point divisées. » (p. 39) Ce préambule annonce deux des thèmes centraux de l'œuvre, à savoir la société et le droit.

La société. Condamné à vivre en société, l'homme doit faire en sorte d'y rester libre, conformément à sa nature. Cependant, comme la liberté individuelle (sauvage et brute) est incompatible avec l'état civil, il est absolument nécessaire de définir une base sociale légitime et sûre, c'est-à-dire qui garantit et protège la liberté de chacun.

Cette base ne peut-être que le contrat social, convention humaine dans laquelle l'individu renonce à agir dans le seul but de satisfaire ses besoins individuels, et reconnait que l'existence d'un corps social est la garantie de sa liberté.

L'individu choisit donc de se soumettre aux règles d'une société dont il est acteur à part entière. Ainsi, il continue à être libre, mais sa liberté a changé de nature : il s'agit désormais d'une li-berté civile qui garantit les droits de chacun et la souveraineté de tous. La clause principale de ce contrat stipule que chacun renonce à sa volonté individuelle et se soumet à la volonté générale, celle de tous.

Pour être valide, le contrat implique que tous les membres de la société y adhèrent à l'unanimité.

Sans cette unanimité, il n'y a pas égalité dans le contrat, et par conséquent pas de droit légitime.

Le droit. Grâce au contrat social, le peuple est souverain : le pouvoir législatif lui appartient de droit, à lui seul. Il confie le pouvoir exécutif à un prince (assemblée, groupe de magistrats ou monarque) qui est responsable devant lui, car c'est de lui qu'il tient son pouvoir. Cependant, le pouvoir exécutif a tendance à usurper le pouvoir du peuple. Il appartient au législateur et aux citoyens eux-mêmes de ne pas y renoncer, car cela conduirait à la mort symbolique du peuple.

Nature et contractualisme

Aux côtés de ces deux thématiques primordiales de l'œuvre de Jean Jacques Rousseau, il est également important de mettre en évidence le concept de nature ainsi que la notion de contractualisme – ou théorie du contrat –, à l'origine même de l'ouvrage du philosophe.

Le concept de nature. Chez Rousseau, l'homme à l'état de nature peut être compris comme un être « non socialisé ». Il serait « bon », car pour être mauvais il faudrait qu'il souhaite le mal à l'un de ses semblables. Or il n'est pas un être social, il ne vit pas en société. Ainsi, il n'est ni véritablement bon, ni mauvais. L'état de nature est donc un modèle théorique découlant de l'état de l'homme tel qu'il est à un moment donné. Il s'agit donc du naturel existant en l'Homme.

L'ÉTAT DE NATURE

Rousseau n'est pas l'unique philosophe à développer l'idée d'un état de nature ; d'autres se sont penchés sur la question. Chez Hobbes, l'état de nature est un état de guerre de chacun contre chacun ; l'homme est un loup pour l'homme. Ainsi, tout autre état est préférable à l'état de nature tel qu'il le définit. Le philosophe anglais développe donc une vision négative, pessimiste de l'état de nature.

Quant à John Locke (philosophe anglais, 1632-1704), autre théoricien du contrat social, il définit l'état de nature comme un état d'harmonie, d'égalité, de paix entre les hommes, et de liberté raisonnable. Pour Locke, les hommes sont dotés de raison, ce qui les amène à ne pas faire de mal à autrui. À l'état de nature, l'homme a le pouvoir d'assurer sa propre conservation et de punir celui qui menace sa vie.

Le contractualisme. Cette théorie, développée durant l'époque moderne, est définie comme un courant de la philosophie politique. Provenant du latin *societas*, le terme société renvoie à un contrat pris dans son sens juridique, c'est-à-dire à une convention selon laquelle des individus s'associent et s'engagent à partager les résultats de leur association, qu'ils soient positifs ou négatifs. Un consentement mutuel est donc à la base d'un accord contractuel.

Les philosophes politiques ont donc repris cette conception juridique du contrat. À partir de cette définition, il est aisé de comprendre son application par rapport à l'État : un contrat liant les hommes et au moyen duquel ceux-là adhèrent à une limitation de leur liberté pour obtenir que la loi garantisse la permanence du corps social.

Du contrat social de Jean Jacques Rousseau s'inscrit évidemment dans le courant contractualiste, mais il existe cependant trois types de théories du contrat social, associées à leurs théoriciens :

Hobbes, Locke et Rousseau. Leurs conceptions du contrat social diffèrent en ce qui concerne le concept de nature, les valeurs prônées au sein du contrat et les objectifs visés. En ce qui concerne Rousseau, il est important de retenir sa conception complexe de l'état de nature, l'idée d'intérêt général et l'importance accordée à la souveraineté du peuple.

LE SOUCI CONSTANT DU RÉEL

La démarche de Rousseau dans cet ouvrage n'est pas uniquement logique et abstraite, car il ne manque jamais de rappeler l'importance des situations particulières et la nécessité d'adapter la législation aux différents peuples : « Outre les maximes communes à tous, chaque peuple renferme en lui quelque cause qui les ordonne d'une manière particulière et rend sa législation propre à lui seul. » (p. 90)

En outre, il attache une grande importance aux mœurs, qui sont la base sur laquelle l'édifice d'une constitution repose : « À ces trois sortes de lois, il s'en joint une quatrième, la plus importante de toutes ; qui ne se grave ni sur le marbre ni sur l'airain, mais dans le cœur des citoyens [...].

Je parle des mœurs, des coutumes, et surtout de l'opinion. » (p. 91) Pour qu'un État soit soucieux de la volonté générale, il faut que les citoyens soient éduqués et qu'il existe une censure des mœurs, afin d'éviter la corruption et le développement des intérêts particuliers. Si certaines cités antiques, comme Sparte (Grèce), suscitent son admiration, c'est en grande partie grâce à la moralité légendaire de leurs citoyens.

Enfin, les exemples concrets, qu'ils appartiennent à l'histoire ancienne ou à l'époque contemporaine, foisonnent dans ce traité. Les références à l'histoire grecque et romaine sont particulièrement nombreuses dans les livres III et IV. Par exemple :

> « Ce corps, que j'appellerai Tribunat, est le conservateur des lois du pouvoir législatif. Il sert quelquefois à protéger le Souverain contre le Gouvernement, comme faisaient à Rome les Tribuns du peuple, quelquefois à soutenir le Gouvernement contre le peuple, comme fait maintenant à Venise le conseil des Dix, et quelquefois à maintenir l'équilibre de part et d'autre, comme faisaient les Éphores à Sparte. » (p. 157-158)

Ces références concernent les magistratures, les assemblées et les mœurs, autour de la thématique de la souveraineté du peuple. La république de Venise est citée à plusieurs reprises, les monarchies anglaise et polonaise également : « Quelquefois il y a partage égal ; soit quand les parties constitutives sont dans une dépendance mutuelle, comme dans le Gouvernement d'Angleterre ; soit quand l'autorité de chaque partie est indépendante mais imparfaite, comme en Pologne. » (p. 112)

Les mœurs de différents peuples sont encore examinées dans le chapitre VIII du livre III, où l'auteur oppose par exemple les Espagnols aux Allemands : « Nous voyons en Europe même des différences sensibles pour l'appétit entre les peuples du nord et ceux du midi. Un Espagnol vivra huit jours du dîner d'un Allemand. » (p. 116)

Enfin, Rousseau ne néglige pas non plus l'histoire et la religion françaises, notamment dans le chapitre « De la religion civile » (livre IV), et il évoque la Corse comme un État dont la Constitution est encore à écrire (« Il est encore en Europe un pays capable de législation : c'est l'île de Corse », p. 88), ce dont il se chargera lui-même plus tard.

En définitive, développant la théorie rousseauiste du contrat, ce texte majeur de la philosophie politique a profondément nourri la critique de l'Ancien Régime et l'esprit révolutionnaire, notamment en promouvant le principe de souveraineté du peuple.

PISTES DE RÉFLEXION

QUELQUES QUESTIONS POUR APPROFONDIR SA RÉFLEXION...

- Rousseau est considéré comme un philosophe des Lumières. Pourquoi ? Dans quelle mesure ce texte illustre-t-il certains aspects de cette philosophie des Lumières ?
- Comment comprenez-vous le concept de nature auquel Rousseau se réfère dans cet ouvrage ?
- Qu'est-ce que le concept de contractualisme ? Quels sont les auteurs principaux de ce courant ? En quoi l'ouvrage de Rousseau s'intègre-t-il dans ce mouvement contractualiste ?
- Commentez cette citation de Jean-Jacques Rousseau : « Chacun se donnant à tous ne se donne à personne. » (p. 53)
- Ce texte vous semble-t-il relever de l'utopie ? Selon vous, dans quel type de pays les principes de Rousseau peuvent-ils se concrétiser ?
- D'après cet ouvrage, quels sont les principaux défauts de la plupart des gouvernements ?

- Citez le nom d'un philosophe auquel Rousseau s'oppose fréquemment dans cet ouvrage. Explicitez le point de vue de celui-ci.
- Commentez cette appréciation du *Contrat social* par Emilio Balturi : « L'ouvrage [...] doit davantage se lire comme la critique anticipée des démocraties contemporaines que comme un manifeste militant une quelconque cause révolutionnaire. »
- Après avoir lu « La Profession de foi du vicaire savoyard » (*Émile ou De l'éducation*, livre IV), comparez ce texte avec les passages du *Contrat social* qui traitent de la religion civile.
- Après avoir étudié la Déclaration des droits de l'homme et du citoyen de 1789, expliquez ce que ce texte doit au *Contrat social* de Rousseau.

Votre avis nous intéresse !
Laissez un commentaire sur le site de votre
librairie en ligne
et partagez vos coups de cœur sur les réseaux
sociaux !

POUR ALLER PLUS LOIN

ÉDITION DE RÉFÉRENCE

- ROUSSEAU J.-J., *Du contrat social*, Paris, Flammarion, coll. « GF Philosophie », 1966.

ÉTUDES DE RÉFÉRENCE

- ALTHUSSER L., « Sur le contrat social », in *Les Cahiers pour l'analyse*, n° 8, 1967, p. 1-42.
- BESSE G., *Jean-Jacques Rousseau, l'apprentissage de l'humanité*, Paris, Éditions sociales, 1988.
- CASSIRER E., *Le problème Jean-Jacques Rousseau*, Paris, Hachette, 1987.
- CRÉTOIS P., « Soi-même et les autres. L'homme en société chez Rousseau et Pettit », in CHAPPÉ R., CRÉTOIS P., *L'homme présupposé*, Aix-en-Provence, Presses universitaires de Provence, 2014.
- DERATHÉ R., *Jean-Jacques Rousseau et la politique de son temps*, Paris, Presses universitaires de France, 1950.
- DERATHÉ R., « L'homme selon Rousseau », in *Études sur le* Contrat social *de Jean-Jacques*

Rousseau, Actes des journées d'études tenues à Dijon du 3 au 6 mai 1962, Paris, Les Belles Lettres, 1964.

- GOLDSCHMIDT V., *Anthropologie et politique. Les principes du système Rousseau*, Paris, Vrin, 1974.
- LEMAITRE J., *Jean-Jacques Rousseau*, Paris, Calmann-Lévy Éditeurs, 1907.
- MOREAU P.-F., « De la pure nature », in *Revue philosophique de la France et de l'Étranger*, n° 3, 1978, p. 343-349.

SUR LEPETITLITTÉRAIRE.FR

- Commentaire de *Du contrat social* de Jean-Jacques Rousseau.
- Fiche de lecture sur *Émile ou De l'éducation* de Jean-Jacques Rousseau.
- Fiche de lecture sur *Les Confessions* (livres I-IV) de Jean-Jacques Rousseau.
- Fiche de lecture sur *Les Rêveries du promeneur solitaire* de Jean-Jacques Rousseau.
- Fiche de lecture sur *Profession de foi du vicaire savoyard* de Jean-Jacques Rousseau.

Retrouvez notre offre complète sur lePetitLittéraire.fr

- des fiches de lectures
- des commentaires littéraires
- des questionnaires de lecture
- des résumés

ANOUILH
- Antigone

AUSTEN
- Orgueil et Préjugés

BALZAC
- Eugénie Grandet
- Le Père Goriot
- Illusions perdues

BARJAVEL
- La Nuit des temps

BEAUMARCHAIS
- Le Mariage de Figaro

BECKETT
- En attendant Godot

BRETON
- Nadja

CAMUS
- La Peste
- Les Justes
- L'Étranger

CARRÈRE
- Limonov

CÉLINE
- Voyage au bout de la nuit

CERVANTÈS
- Don Quichotte de la Manche

CHATEAUBRIAND
- Mémoires d'outre-tombe

CHODERLOS DE LACLOS
- Les Liaisons dangereuses

CHRÉTIEN DE TROYES
- Yvain ou le Chevalier au lion

CHRISTIE
- Dix Petits Nègres

CLAUDEL
- La Petite Fille de Monsieur Linh
- Le Rapport de Brodeck

COELHO
- L'Alchimiste

CONAN DOYLE
- Le Chien des Baskerville

DAI SIJIE
- Balzac et la Petite Tailleuse chinoise

DE GAULLE
- Mémoires de guerre III. Le Salut. 1944-1946

DE VIGAN
- No et moi

DICKER
- La Vérité sur l'affaire Harry Quebert

DIDEROT
- Supplément au Voyage de Bougainville

Dumas
- Les Trois
  Mousquetaires

Énard
- Parlez-leur
  de batailles,
  de rois et
  d'éléphants

Ferrari
- Le Sermon sur la
  chute de Rome

Flaubert
- Madame Bovary

Frank
- Journal
  d'Anne Frank

Fred Vargas
- Pars vite et
  reviens tard

Gary
- La Vie devant soi

Gaudé
- La Mort du
  roi Tsongor
- Le Soleil des
  Scorta

Gautier
- La Morte
  amoureuse
- Le Capitaine
  Fracasse

Gavalda
- 35 kilos d'espoir

Gide
- Les
  Faux-Monnayeurs

Giono
- Le Grand
  Troupeau
- Le Hussard
  sur le toit

Giraudoux
- La guerre de
  Troie
  n'aura pas lieu

Golding
- Sa Majesté des
  Mouches

Grimbert
- Un secret

Hemingway
- Le Vieil Homme
  et la Mer

Hessel
- Indignez-vous !

Homère
- L'Odyssée

Hugo
- Le Dernier Jour
  d'un condamné
- Les Misérables
- Notre-Dame
  de Paris

Huxley
- Le Meilleur
  des mondes

Ionesco
- Rhinocéros
- La Cantatrice
  chauve

Jary
- Ubu roi

Jenni
- L'Art français
  de la guerre

Joffo
- Un sac de billes

Kafka
- La Métamorphose

Kerouac
- Sur la route

Kessel
- Le Lion

Larsson
- Millenium I. Les
  hommes qui
  n'aimaient pas
  les femmes

Le Clézio
- Mondo

Levi
- Si c'est un
  homme

Levy
- Et si c'était vrai…

Maalouf
- Léon l'Africain

MALRAUX
- La Condition humaine

MARIVAUX
- La Double Inconstance
- Le Jeu de l'amour et du hasard

MARTINEZ
- Du domaine des murmures

MAUPASSANT
- Boule de suif
- Le Horla
- Une vie

MAURIAC
- Le Nœud de vipères

MAURIAC
- Le Sagouin

MÉRIMÉE
- Tamango
- Colomba

MERLE
- La mort est mon métier

MOLIÈRE
- Le Misanthrope
- L'Avare
- Le Bourgeois gentilhomme

MONTAIGNE
- Essais

MORPURGO
- Le Roi Arthur

MUSSET
- Lorenzaccio

MUSSO
- Que serais-je sans toi ?

NOTHOMB
- Stupeur et Tremblements

ORWELL
- La Ferme des animaux
- 1984

PAGNOL
- La Gloire de mon père

PANCOL
- Les Yeux jaunes des crocodiles

PASCAL
- Pensées

PENNAC
- Au bonheur des ogres

POE
- La Chute de la maison Usher

PROUST
- Du côté de chez Swann

QUENEAU
- Zazie dans le métro

QUIGNARD
- Tous les matins du monde

RABELAIS
- Gargantua

RACINE
- Andromaque
- Britannicus
- Phèdre

ROUSSEAU
- Confessions

ROSTAND
- Cyrano de Bergerac

ROWLING
- Harry Potter à l'école des sorciers

SAINT-EXUPÉRY
- Le Petit Prince
- Vol de nuit

SARTRE
- Huis clos
- La Nausée
- Les Mouches

SCHLINK
- Le Liseur

Analyse de l'œuvre
Germinal

Analyse de l'œuvre
L'Étranger

Analyse de l'œuvre
Le Père Goriot
de Balzac

Analyse de l'œuvre
Candide
ou l'Optimisme
de Voltaire

Analyse de l'œuvre
Oscar et la
Dame rose

www.lepetitlitteraire.fr

ISBN version numérique : 978-2-8080-0614-9
ISBN version papier : 978-2-8080-0615-6
Dépôt légal : D/2017/12603/851

Avec la collaboration de Johanne Morrhaye pour les encadrés sur « Les républiques de Venise et de Gênes » et « L'état de nature », ainsi que pour le chapitre « Nature et contractualisme ».

Conception numérique : Primento, le partenaire numérique des éditeurs.

Ce titre a été réalisé avec le soutien de la Fédération Wallonie-Bruxelles, Service général des Lettres et du Livre.